面相學堂
FACE READING ESSENTIALS

眉相

性格　意志　勇气

这是由专业翻译员从Joey Yap英文版本的"面相学堂-眉相"直接翻译而成。

This work has been directly translated from the original English text by Joey Yap titled Face Reading Essentials-EYEBROWS book. It has been translated by professional, external translators.

面相学堂-眉相

作者	: Joey Yap 叶威明
出版	: JY Books Sdn Bhd (659134-T)
初版	: 1st November 2009
国际书号	: ISBN 978-967-5395-03-1

Copyright@2009 by Joey Yap
Chinese translation copyright@2009 by Joey Yap
All rights reserved worldwide

本书所登载发布的一切内容，包括但不限于文字、图片、音像、图表、标志、广告、商标、域名、软件、程序及设计，均为 Joey Yap 享有。

未经 Joey Yap 书面授权，任何人不得将本书所登载、发布的内容以任何形式全部或局部之改动、装载、链接、复制、发行、传播、翻译等等。版权将受国际条约保护，任何违反声明者，版权拥有人将依法追究其相关法律责任。

作者联络处:

Mastery Academy of Chinese Metaphysics Sdn. Bhd. (611143-A)
19-3, The Boulevard, Mid Valley City,
59200 Kuala Lumpur, Malaysia.

电话：+603-2284 8080
传真：+603-2284 1218
电邮：info@masteryacademy.com
网址：www.masteryacademy.com

免责声明
这是由专业翻译员从Joey Yap英文版本的"面相学堂-眉相"直接翻译而成。本书作者 Joey Yap 及其出版商，JY Books Sdn Bhd 已经尽其最大的努力出版一本高品质，内容充实以及有利于读者的作品。其中的内容已经多方小心考证，确保无误。任何涉及他人，无论是在生或已过世，或涉及公司的有关活动，事件，日期及其他，都已经尽力透过多方面如网页，媒体新闻及其他任何媒体查证。是否使用本书内容将以个人意愿为基础，因此本书作者及其出版商将不会对任何使用本书内容者负任何法律责任。

Published by JY Books Sdn. Bhd. (659134-T)

目录

眼眉的类型		15
1	浓眉	16
2	疏眉	18
3	细眉	20
4	长眉	22
5	短眉	24
6	浓重眉	26
7	柔眉	28
8	乀字眉	30
9	间断眉	32
10	不水平眉	34
11	重罗叠计	36
12	大短促眉	38
13	黄薄眉	40
14	三角眉	42
15	波形眉	44
16	交错眉	46
17	交加眉	48
18	粗眉	50
19	眉生二角	52
20	乱眉	54
21	竖眉	56
22	逆眉	58

眉相

特别的眉型		61
23	一字眉	62
24	八字眉	64
25	尖刀眉	66
26	柳叶眉	68
27	小扫帚眉	70
28	眉内藏珠	72
29	新月眉	74
30	清秀眉	76
31	旋螺眉	78
32	润眉	80
33	枯眉	82
34	钩眉	84
35	上升眉	86
36	扫帚眉	88
37	义经眉	90
38	疏散眉	92
39	吊丧眉	94
40	彩眉	96
41	寿星眉	98
42	鬼眉	100
43	罗汉眉	102
44	剑眉	104

像动物的眼眉		107
45	白虎眉	108
46	虎眉	110
47	龙眉	112
48	龙头虎尾眉	114
49	狮眉	116
50	卧蚕眉	118

MASTERY ACADEMY
OF CHINESE METAPHYSICS™

玄明馆

在玄明馆的网站上(www.masteryacademy.com),一些网上工具能够协助你厘清风水或星象学上的重要咨询。

例如, Joey Yap 飞星计算机能够绘制出你屋子或办公室的飞星图;八宅计算机则能够找出对一个人最有利的方向;你只需在 Joey Yap 八字命盘计算机中输入出生年、月、日、时,就可以计算出你的四柱命盘,以了解你的命运。

欲知更多有关八字、玄空或飞星风水的咨询,又或者你想向 Joey Yap 学习任何以上的课程,请浏览玄明馆网站: www.masteryacademy.com.

玄明馆E-学习中心

只要你把电脑或笔记本准备好,再加上互联网连线,那所有有关传统风水、八字和面相的知识,就是你的了。

在我们的E-学习中心,你可通过以下的方式上课:

1. 网上课程 (Online Courses)
这包括了3个课程:网上风水课程、网上八字课程以及网上面相课程。每个课程都有等级之分,每个等级又分为几堂课。每堂课都有一个有关该题目的预录录像、幻灯片演示以及可下载个别指导笔记。你可下载这些笔记,再打印出来以供将来参考。

2. MA现场秀! (MA Live!)
顾名思义,MA现场秀!就是能够让你通过电脑现场收看Joey Yap的课程与讲座。参与者除了能听见和看见Joey'现场'教学,更可以通过MA现场秀!,与Joey通话。通过这个方法参与现场课程,你就可以省却亲身到场学习的麻烦了!

3. 随需录像 (Video-On-Demand) VOD
以你的电脑下载玄明馆的教学DVD流对视频。你可省下运输费以及等待递送的时间!

以你自己喜欢的速度学习,并和世界各地的导师以及同学交流。有了E-学习中心,你就能够通过图解演示以及内容丰富的笔记得到有关中华术数的资讯。

欢迎来到玄明馆E-学习中心。这是你掌握中华玄学的虚拟通道。

面相学堂简介

为什么会写这套书?

我一直以来都希望能够把一些复杂又深奥的学问简单化,让人容易明白及吸收,而这套"面相学堂"系列,就是其中之一。中国面相学有一段非常悠久且辉煌的历史,它的形成,大概是在黄帝的时候(公元前2700 – 公元前2150)。在那时候,面相学在宫廷内被大臣们广泛地运用。此外,它也是属于中国传统文化的一部分,因为古代的母亲在帮她们的儿子选媳妇的时候,都会利用一些粗浅的面相学来找最合适的媳妇。

面相学的运用,必须配合多种元素以及组合,再加上分析多种资讯如面形、五官及其特征、面部表情、气色以及其它各方面的资料。对于初学者来说,这实在是太过麻烦及可怕了。

在现在这个什么都讲求效率的时代里,我们无法花太多的时间去真正了解一个初次见面的人,也无法找到太多关于这个人的资料来让我们去分析到底他是不是我们所要找的人或他是否是适合的人选,这种情形大多数都会发生在员工面试的时候,或找对象的时候,甚至也会发生在商业谈判的时候。因此,选择一个适合的人选,可以说是一件非常烦人和头痛的事情。在这种情形下,面相学就可以发挥所长了,因为它可以让你马上做出准确又有效的决定。

基本上,面相学是利用两种技巧来解读一张脸:第一种是定流法,而另一种是混流法。定流法就是单凭脸上的某一个特征或某一部分去分析有关这个人的一些清形。而混流法就是配合脸上多个特征或部位去取得更深入的资讯。这套"面相学堂"就是教你如何运用定流法去分析一个人。对于初学者来说,这套书是最适合不过了。

这套书中的内容非常精简,容易了解,而且所有的资料已经被分门别类,你只要根据脸上某个部位来对照书上所描述的内容,就可以轻而易举的找到答案。

眼眉帮了我一个小忙

只需要动动眼眉,我们就能够知道整个脸部的表情是如何。眼眉与眼形以及整个面部的构造有着息息相关的重要关系,而且在整体美观上起着很大的作用。但是,原来眼眉还可以告诉我们很多但是又经常被我们所忽略的事情。

在面相学里,眼眉是最重要的五官之一,透过它,我们能够对其他人有较深入的了解。例如,这个人到底是不是一个很热情的队员呢?还是这个人比较喜欢独自应战?又或者你比较喜欢与很多人在一起工作,但是却只喜欢与其中几个较熟的混在一起。

脸上的五官 – 眼睛、眼眉、耳朵、鼻子、口,是面相学里最主要的部分,而它们彼此之间是相互相应的。眼眉被称为"保寿官",它会告诉你在你的一生中会不会有贵人扶持,或是会受尽别人的侮辱、背叛及忽视。此外,眼眉也主管寿命以及生活素质,它会告诉你一生中身边会出现哪一种,好人或坏人,还是一个人都没有。所以,眼眉能够指示你有关生命中的一些保险与寿命的细节。

眉相

另外，眼眉也能够告诉你有关一个人的个性，尤其是他的胆量以及在面对生活逆境时的反应，还有其他如心地善良还是心存恶念的个性，都会一一地从眼眉中呈现出来。

对眼眉追根究底

这本书的资料，是经过我多年研究面相学的古籍、方法、技术及翻译所得。我把所有的资料合而为一，并把它们简单化，希望能够让你们方便且可以随时随地的使用。

请记得，眼眉就好像人的体形以及尺码一样，有多种类型以及大小之分。请小心观察自己的眼眉，你会发现自己的眼眉不止属于一种类型，它有可能还含有其它类型的特点，所以其他人也会跟你一样拥有一双含有其它特点的眼眉。例如，你的眼眉有可能会是逆眉与钩眉的组合，有可能还会加上一个眉竖的特点，这所有的组合特点都与罗汉眉相似。所以，这表示你必须能够诠释所有眼眉类型的特点，再加以分析后，才能够得到准确的资料。

所以，我时常都说，要学面相，必先拥有两种工具，就是镜子和开明的头脑。一边看着这本书，一边拿着镜子照自己的脸，能够让你很快很实在地找出脸上的特征。另一点很重要的就是头脑不要死板，因为面相学很讲究流畅、贯通及辨别。这本书中的内容已经被固定及分门别类，好让初学者能够容易明白及学习。但是，事实上人的面相却不会有固定的类别或种类。面相学最重要的就是能够把所有的资料放在一起，然后以创意来想象出更大的画面。

如果你想要更深入地学习和了解正真的面相学，你可以考虑通过玄明馆电子学习中心（www.maelearning.com）参加我的网上面相课程。我的另一本书，"面相奥秘"提供更多有关面相学更深入的资料，它可以配合这套"面相学堂"，让你更快上手。你也可以选择"Joey Yap 的面相技艺"这本书，它的内容提供丰富的面部特征资料。

学习面相应该是一件很有趣的事情。这本书体积小，容易携带，可以在任何时候，任何地方拿出来与家人或朋友分享，尤其是在聚会，它能够增添你们聊天的乐趣。记得，千万不要被一张普通的脸所欺骗，因为它的背后还有很多故事等着你来揭发！

Joey Yap
June 2009

作者个人网站：
www.joeyyap.com

学院网站：
www.masteryacademy.com | www.masteryjournal.com | www.maelearning.com

立即跟貼Joey Yap：
www.twitter.com/joeyyap

参与Joey Yap：
www.facebook.com/joeyyapFB

眼眉的类型

眉浓

眉浓的眉毛很浓密而且宽阔。这表示有耐力以及不屈不挠。这种人在人生中一定会取得巨大的成就。

眉浓的人很有勇气,能够面对风险及挑战。但是,他们不是细心的人,因为他们不屑小节,不喜欢费神于细节的东西,只需要看总结或大局。

由于不喜欢注意小节,所以他们最主要的弱点就是会经常在无意中得罪别人。另为一点就是,储蓄对他们来说是一件困难的事,一生中无法累积财富。

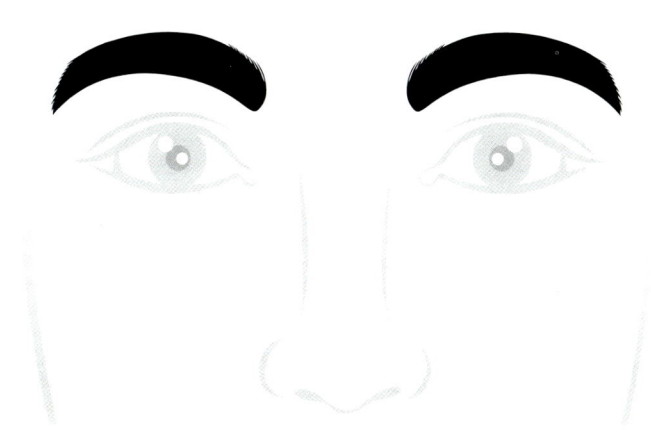

眉相

17

疏眉

疏眉的眉毛浅薄,双眉看起来不完整。

这种人通常很计较以及小心眼,没有同情心。最好不要得罪这种人,因为他们很小气且记仇,绝对不容易原谅及忘记得罪过他的人。

他们对处理自己的金钱很小心,非常有节制,不会用太多钱在自己或身边的人身上。 由于缺乏对别人的尊重,他们行事会不体谅或不顾及他人的感受。

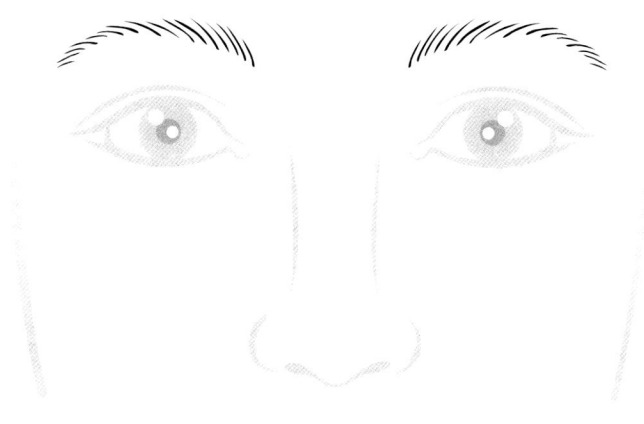

眉相

细眉

细眉并不是眉短。眉毛之所以细,是因为它的大小与脸的其他部位比例而成。细眉的人通常都很严谨而且低调。

然而,在感情上的行为却不同,他们会非常溺爱对方,但是一旦遭到抛弃,他们就会变得迷失自己。对细眉的女性来说,她们一生都会过的很快乐,无忧无虑,家人或丈夫对她们照顾得无微不至,而且她们从来都不会缺乏任何的东西。

相对来说,细眉的男性就要非常的注意了,因为他们会很容易被女人摆布或欺骗。

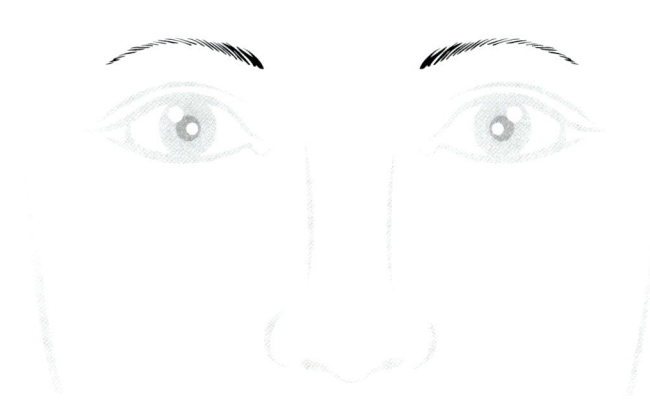

眉相

长眉

长眉是指眉毛的长度长过眼睛的宽度。长眉的人性格温和、心地善良以及彬彬有礼。

长眉的人很有孝道，非常孝顺父母，对父母以及兄弟姐妹都会照顾的很好。一般上，长眉的人都会是家中的长子或长女。但是，他们最主要的弱点就是太保守，通常会浪费太多的时间去思考观察工作上的细节而拖慢了工作的进度。另外，他们对工作环境最新的转变或趋势毫无感应，对于变化的适应能力非常慢。

长眉的女性在结婚后，会经常回娘家小住。

眉相

23

短眉

短眉并不是细眉,短眉是指它的长度短过眼睛的宽度。短眉的人缺乏感情,不容易原谅别人,与兄弟姐妹不亲近。

他们很独立,但是只会照顾自己,一切为自己着想。因此,他们很喜欢操控一切,当事情没有依他们的想法般发生,他们会变得很生气。

如果眼眉短但眉毛浓厚,他们在后半生会有美满快乐的家庭生活。但是,如果短眉而又疏浅的话,快乐美满的家庭生活将不会发生在他们的身上。

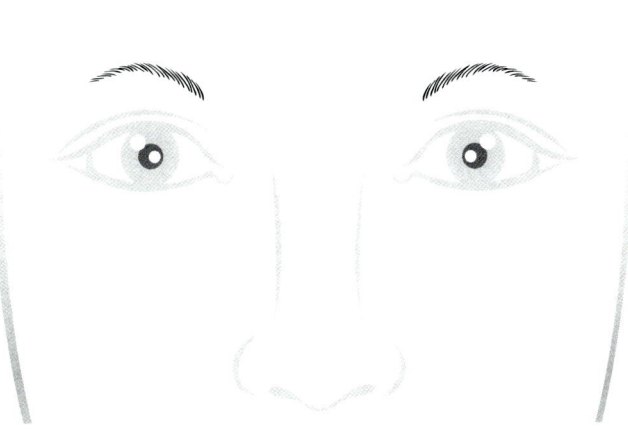

浓重眉

浓重眉比较高,眉毛比较浓密而且整齐。这样的眉毛看起来很有魅力,而且这种人会是一个很好的领导者。

一般上,这种人的忍耐力非常惊人,意志非常坚定,做任何事情都会取得成功。他们知人善用,很会利用人才,让每个人都能够尽量发挥自己所能。

浓重眉是一个好的特点,你会发现每个成功的企业家或著名的商人都会有这个特点。浓重眉的人有宏图大志,他们会尽所能去追逐他们的梦想,而且,他们的身边有很多要好及忠心的朋友。

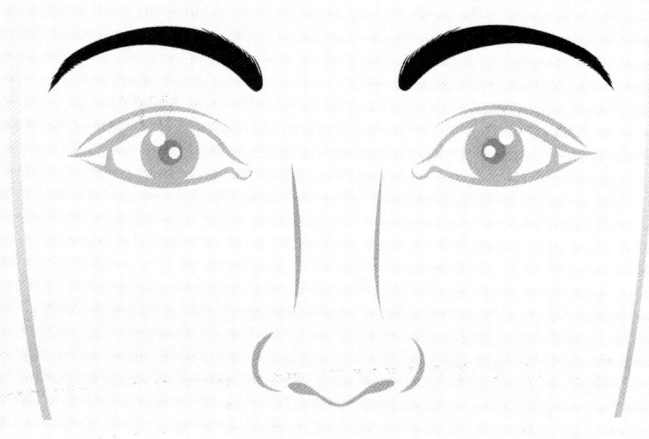

眉相

柔眉

柔眉的眉毛很细,整齐而且美观,这种人的性格温文有礼。

柔眉的人平易近人,很容易与别人合得来。他们很少发牢骚或发脾气,很注意细节,喜欢阅读,对每一样事情都会略知一二。

柔眉的人一生快乐无忧,家人对他们非常支持。他们很有大志,并且很积极又热心地追逐他们的目标。

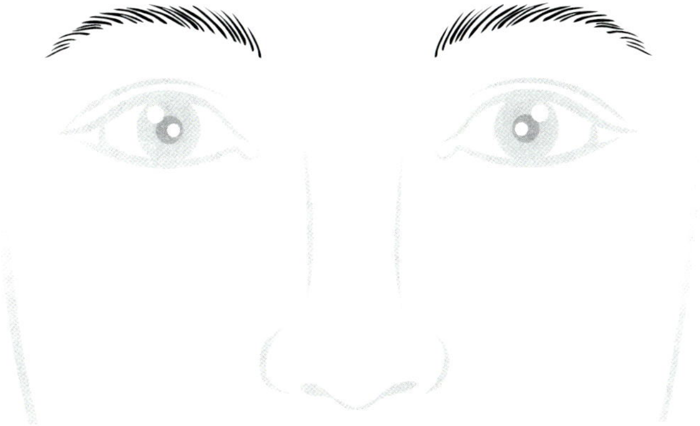

眉相

29

乀字眉

所谓乀字眉就是指眉毛形状明显地弯曲，通常都会长在男性的脸上。这种人的意志力非常强，而且很有勇气及胆量。

他们的集中力很强，非常有自信心。有时候，这会令他们变得自尊心很强而且太过自信，不容易接受别人的意见。

如果女性有乀字眉，那她们将会和男性一样这么有体力及体魄，而且性格坚强，顽固以及很有主见。

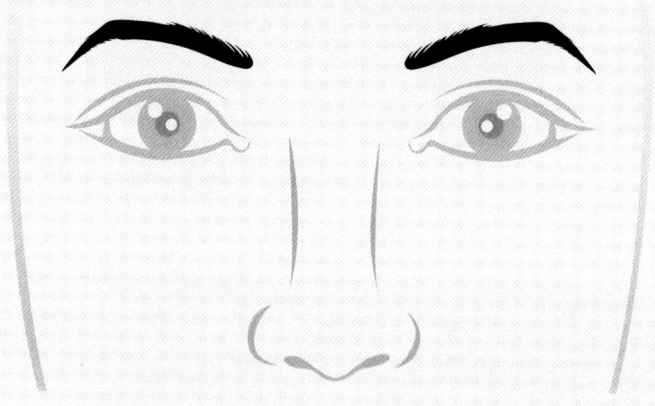

眉相

间断眉

间断眉是指双眉或其中一边的眉毛被很明显的线条或疤痕划过,造成间断的情形。由于眉毛代表性格及意志,那间断眉就表示性格不稳定以及意志力不坚强。

在面相学里,眉毛也代表兄弟姐妹宫,如果眉毛间断,就表示与兄弟姐妹的关系不好或其中一个兄弟姐妹正面临困难。

一般来说,间断眉的人与别人合伙做生意都不会有好的结果,所以最好就自己做。此外,间断眉的人时常想得太多,太多顾虑,而且做决定的时候犹豫不决。

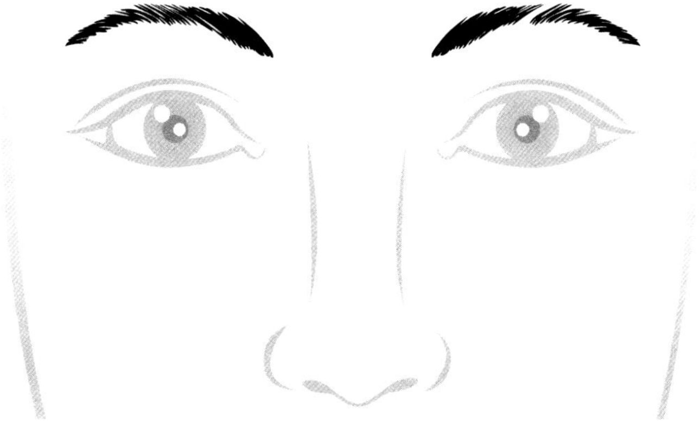

眉相

33

不水平眉

不水平眉是指双眉不平衡,一边高,一边低。这表示身边的兄弟姐妹有可能不是亲生的。

他们对感情和友情不坦白,而且不会从别人的角度去思考,经常忽略别人的看法。

在工作方面,经常虎头蛇尾,事情的开端做得很好,但是却没有结尾,没有耐心把事情做完。他们很难得到别人的帮助,通常需要欺骗或谋划才能够得到相助。

重罗叠计

在面相学里,罗候,计都为眉毛的别称。如果眉毛重叠,就会变成罗候叠在计嘟上或称为"重罗叠计"。表示这个人在很小的时候就失去了父亲或遭到遗弃。另外一个意思是指这个人在很小的时候就离开家里,没有得到父亲的照顾。

重叠眉的人非常情绪化,做事情犹豫不决,没有辨别是非的能力,容易受谣言的影响。

一般上,这种人缺乏自己的立场,而且没有能力管理好自己的钱财。

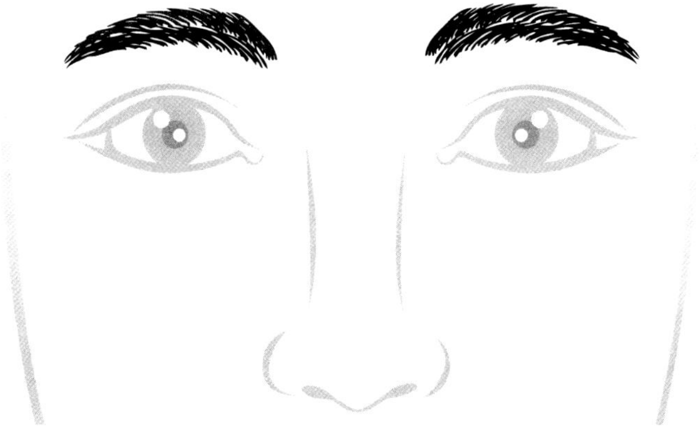

大短促眉

大短促眉是指眉毛很粗阔,但是长度很短。这表示生活平静,没有太多的惊喜或巨变。

大短促眉的人就是最喜欢这种生活,他们享受平静,普通又简单的日常生活,而且没有太多的侈望。他们不会追求财富或名望,满足于现有的生活及拥有的东西。

由于容易满于现状,大眉短的人在生活上会感觉很轻松,没有对物质追求的烦恼或压力。他们会有一个很快乐美满的家庭,儿女非常成功及孝顺。

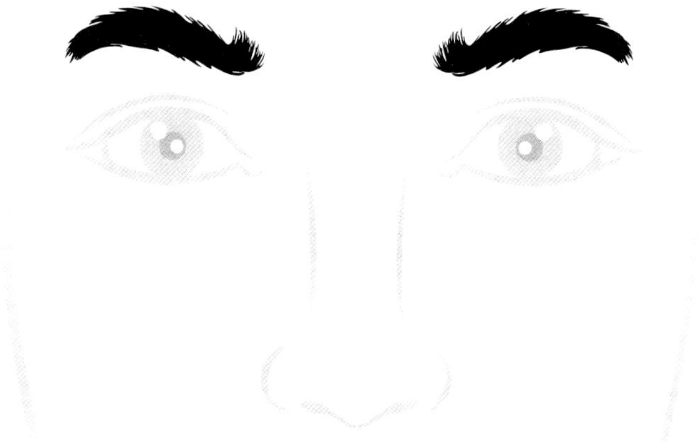

39

黄薄眉

黄薄眉的眉毛看起来很干燥脆弱,毛发短且疏,让人觉得有虚弱的感觉。

黄薄眉的人成功会来的比较迟,一般上,成功不会这么轻易落在他们的身上,即使是别人拱手相让的,到头来,所得到的也会是令他们失望的结果。

他们总是属于不幸运的一群,因为他们无论去到什么地方,都会引起闲言闲语或争执,导致不必要的麻烦,也会因此而无法与别人维持一段良好的友情。

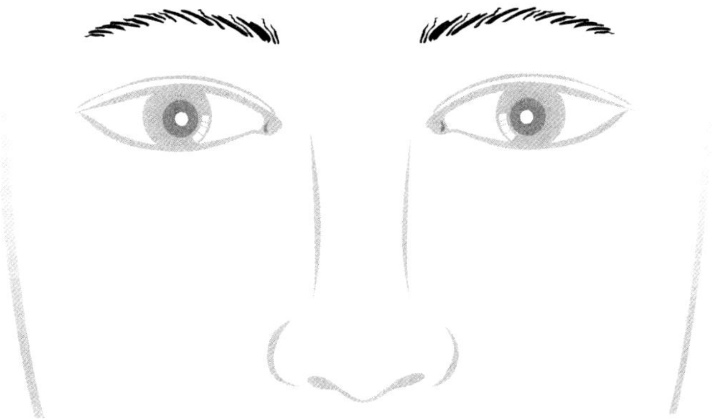

眉相

41

三角眉

三角眉顾名思义就是眉毛长得像三角形一样,一般上只会出现在男性的脸上。这表示活力充沛,意志力非常强,抱负非常大。

三角眉的人大部分都很有勇气,不会因为有风险而逃避不去做一件事。当他们遇上麻烦或困难的时候,都会自己想办法去解决,不会轻易麻烦别人来帮忙。凡是计划好的事情,他们都会有耐性地去达到目标,不会因为一些阻滞而退缩。

由于思想专一,他们不容易被说服,但是也因为这一点而受到别人的尊重。此外,他们做事情只注重结果,不会对过程有兴趣。

眉相

波形眉

波形眉的形状像波纹,而这些波纹表示一个人思想的变化。

一般上,波形眉的人意志比较薄弱,想法不坚定,注意力不集中,精神恍惚。在感情上,经常会使情人或伴侣感觉压力。

此外,在情绪方面,他们也会表现得非常不稳定,现在可以是很兴奋,但是,接下来的一刻可以变得非常悲愤。和他们在一起,就要习惯他们像过山车一样的情绪。

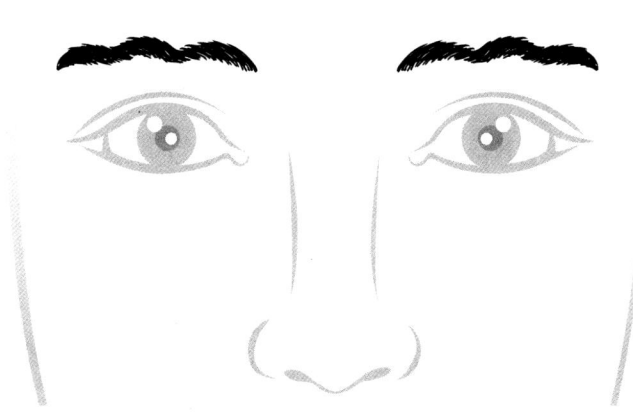

眉相

交错眉

如果眉毛生长的互相交错,形成"x"的形状,那这就是交错眉了。这种人无时无刻都在发愁,经常都会在担心好像什么坏事将会发生一般。他们想得太多,想得太远,因此脾气变得暴躁而且觉得很有压力。

他们是永恒的沉思者,经常在想关于生命的出现以及它的意义。他们经常替自己设下太多的规矩,以防止事情的冲突;如果有什么事情出现了错误,他们也会替自己找借口来安慰自己。

他们做事情虎头蛇尾,与伴侣的关系不好,得不到孩子的尊重。

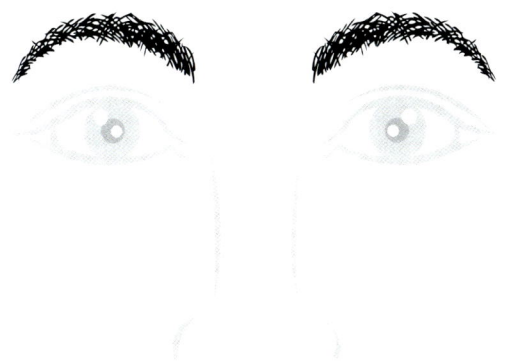

眉相

交加眉

交加眉是指双眉交接在一起，横过两眉之间的命宫。交加眉的人一生多灾多难，而且是一波未平，一波又起。

他们经常自我损害，自我放弃在面前的机会，这或许是因为他们自己的错误，又或者是外来的阻碍经常破坏或打乱他们的计划。

交加眉的人思想天真容易上当，而且经常受别人的影响，因此，时常会因为信错人而吃亏。

粗眉

粗眉的眉毛好像羽毛般抖松,看起来像被摩擦过般竖起。粗眉的人对人或物会很容易感到乏味。

这种人很喜欢发白日梦而且头脑时常在漫游,凡是新颖的东西都可以吸引到他们的注意力。他们时常在发愁及担心一些多余的事而因此对自己造成压力。

粗眉的人经常会觉得很孤独,因为他们很难找到可以完全了解他们的人。他们性格好胜,只求达到目的,不求事情发生的过程。

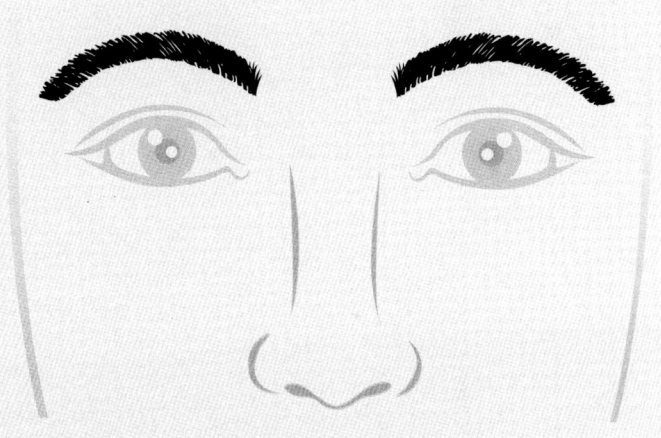

眉生二角

这种眉的前后两端都形成菱角,看起来有些许翘及弯曲。这是一种好眉,这种人一生都会幸福快乐。

眉生二角的人成功在于年轻时,也因为这样,他们很会享受人生,而且夜夜笙歌,尽情狂欢,喜欢应酬,与不同人士交往,甚至和他们称兄道弟。

眉生二角的人交际手腕一流,善于商业谈判,在生意台上经常能够谈妥上几百万的生意,并且有能力把冰块卖给爱斯基摩人!

眉相

乱眉

乱眉是指眉毛长得杂乱无章，非常不整齐，给人很混乱的感觉。这种人的想法跟眉毛一样混乱，变化无常，糊涂透顶，而且情绪也非常的不稳定。

他们没有办法分辨对或错，所以时常浪费时间在一些无关重要的事情上。他们会经常因为一些琐碎的事情而焦虑不安，搞得自己或身边的人都坐立不安。

他们经常所要面对的事情就是健康的问题，而眼睛的弱视就是最主要的关键。在处理金钱上也是一塌糊涂，所以有可能会面对破产的后果。

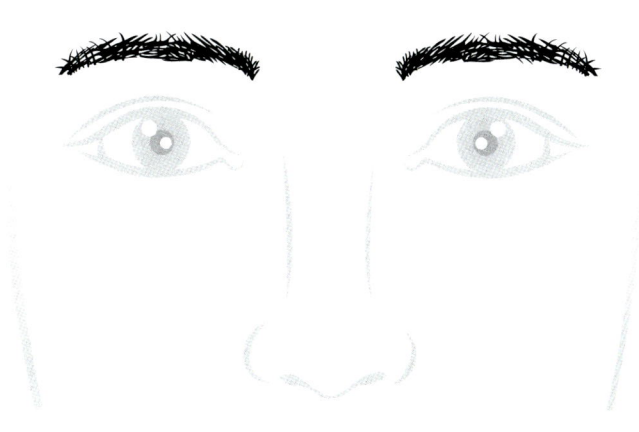

眉相

竖眉

竖眉是指眉毛长得竖直，接近垂直生长一般，表示这个人性格多变，喜怒无常，情绪焦虑不安。

竖眉的人行为有如女神般难服侍，由于情绪变幻不定，他们随时可以和你闹翻天，但是之后可以好像绵羊般温顺。

他们通常与兄弟姐妹的关系不太好，而且很容易得罪别人。有时候，他们的想法会很死板而且无法适应新的转变。早婚对他们来说不是适合的举动。

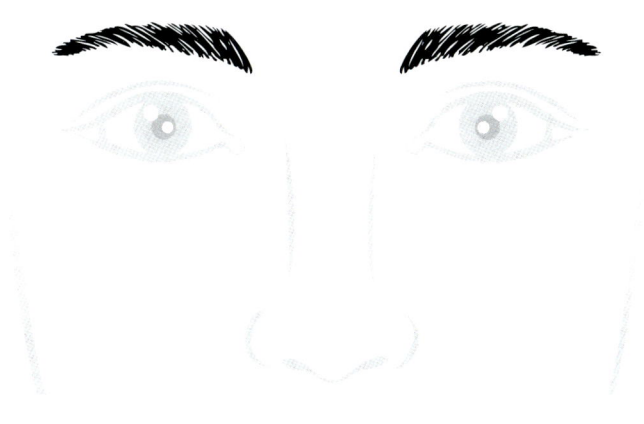

逆眉

逆眉有两种：一种是眉毛由外向内生长，另一种是由上向下生长。普通的眉毛是由内生向外或由下生向上。

逆眉的人行为古怪，时常想一些故灵精怪的事，令别人对他们又爱又恨。他们缺乏感情，别人对他们的行为和动机无法捉摸。

他们经常有惊人之举，不遵从法律，经常违规，导致必须面对刑法的后果。

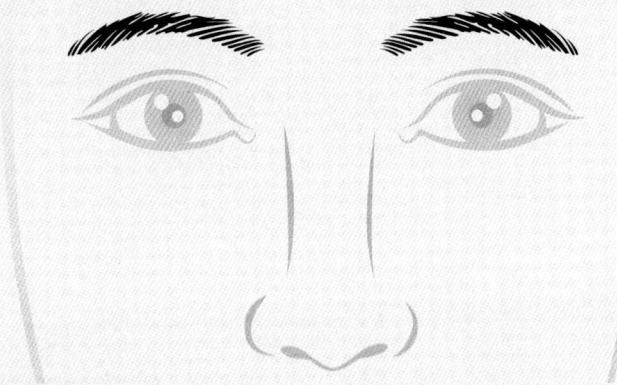

眉相

特別的眉型

一字眉

一字眉是指眉毛长得好像"一"字。这种人的性格直率、坦白,心中不存任何的恶念。

一字眉的人很有自信,做事情不会犹豫不决,而且不喜欢拖慢或延迟事情的进度。他们是积极行动的人,绝对不会浪费时间去胡思乱想。

这种人做决定快捷,不会被其他人影响。凡事定下目标后,他们就会专注地把这个目标完成。

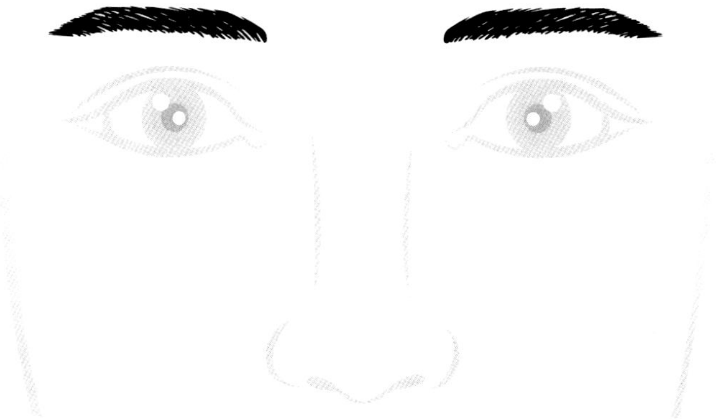

眉相

八字眉

八字眉是指双眉尾端向下斜,形成"八"字形。这种人对其他人都很好。

八字眉的人宽宏大量,爱好和平,不喜斗争;他们聪明机警,行事小心,做决定的态度很保守,以防风险。

他们的思想和行为死板及过期,有些人却会觉得他们虚伪作假。在工作方面,他们比较适合医药、康复或任何研究性质的工作,这是因为他们喜欢研究及观察。

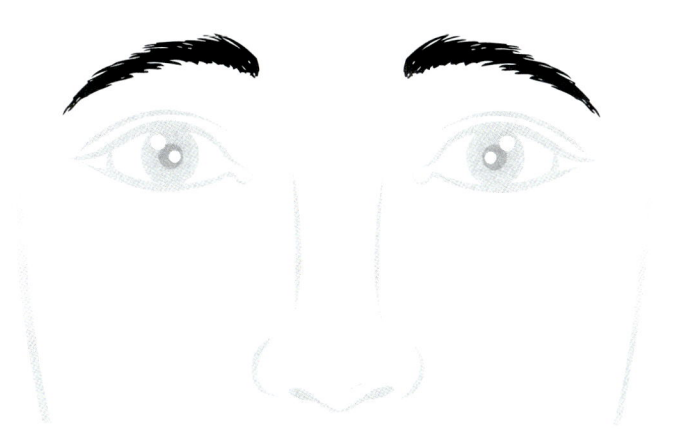

眉相

尖刀眉

尖刀眉的眉毛前端短而中端至尾端逐渐变阔，尾端的眉毛也长得浓密但有些杂乱。一般上，尖刀眉的人都不是好学的人。

他们从来都不会想要进修或增加自己的知识，而且胆小缺乏自尊心。他们会经常幻想自己成为大众英雄，这当然只是属于幻想罢了。

由于太喜欢发白日梦，经常因为幻想自己是英雄而去干预别人的事情。尖刀眉的人会有一个比较困难的童年，因为他们经常被指责为捣乱分子。而且，他们也不会有太多的朋友，经常孤单只影。

眉相

柳叶眉

柳叶眉的眉毛长得很整齐,清晰好看,而且弯形适度。在面相学来说,柳叶眉对女性是一种好的眉,因为它代表温柔体贴,气质优雅的个性。

一般上,柳叶眉的人有机会享受美好的爱情关系,以及拥有美满稳定的婚姻。他们的另一半通常都很通情达理以及给予支持,但是会在比较迟才有小孩。

他们很重友情,身边有很多好朋友,会在他们需要帮助的时候伸出友谊之手。他们在做任何事情都会充满兴趣和热情,并且一定会取得成功,获得成果,享有名气。

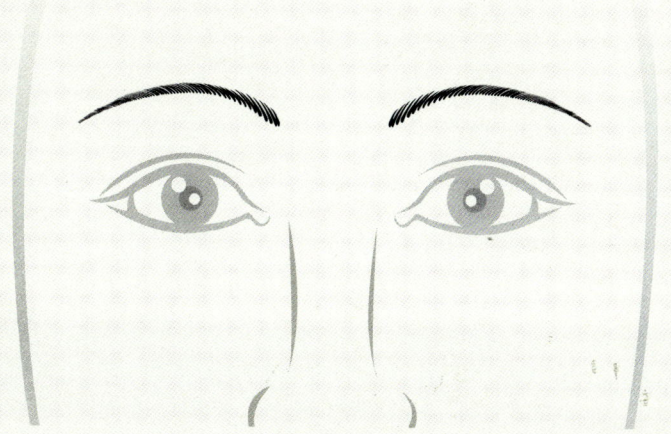

眉相

小扫帚眉

小扫帚眉的眉毛长得好像扫帚一样。这表示会有很多兄弟姐妹,但是每个都住在不同的地方,而且离开得很远。因此,小扫帚眉的人通常都无法得到兄弟姐妹的支持与帮忙。

这种人的身边也不会有太多的朋友,所以当他们遇上困难的时候,只有靠他们自己来解决问题。

也因为这个原因,他们会有很坚定的意志,对自己的能力非常有信心。他们大部分都会在年轻的时候就取得成功。

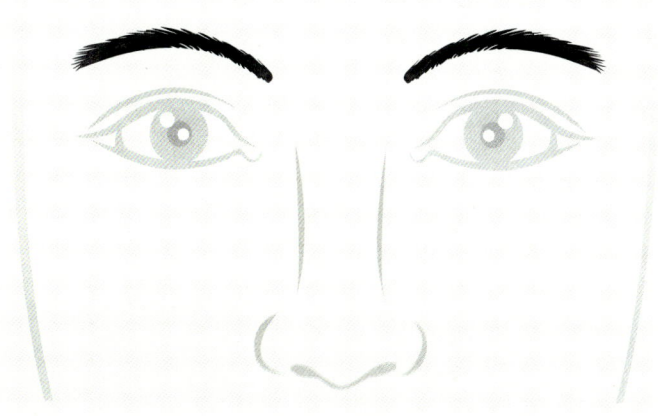

眉内藏珠

眉内藏珠的意思是指眉毛内藏着一颗痣，就像珍珠藏在草丛中，表示这个人隐藏着很大的潜力在等待被发掘出来。这些人通常都很有智慧和天赋。

一般上，眉内藏珠的人都会有很成功的兄弟姐妹，这些兄弟姐妹就是他们成功的指导者，因为他们会经常互相扶持及学习。

虽然如此，我们也必须要知道眉中的那颗痣到底素质如何，如果它是浅淡色或者形状很大，那这个人有可能会在三十一岁至三十四岁时面对一段披满荆棘的难行之路，又或会在那段时间遭遇严重的伤害。

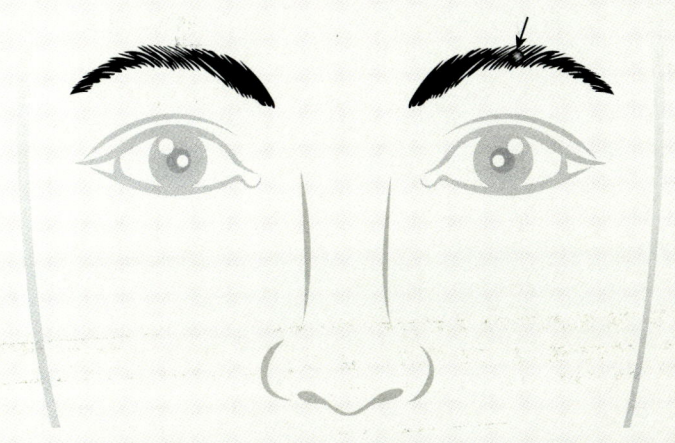

眉相

新月眉

新月眉的人拥有超凡的文学造旨以及艺术修为,经常能够创造出一些文学经典,而且他们的知识也非常的丰富,写诗作词绝对难不倒他们。

他们有智慧而且有修养,学习对他们来说是一种乐趣,对追求新的知识有非常强烈的欲望。他们是很好的教师,因为喜欢与别人分享他们的知识。

新月眉的人由于能够创造出超凡的文学艺术作品,所以很年轻的时候就成名以及取得很大的成就。尽管如此,他们还是喜欢继续学习与研究的生活。

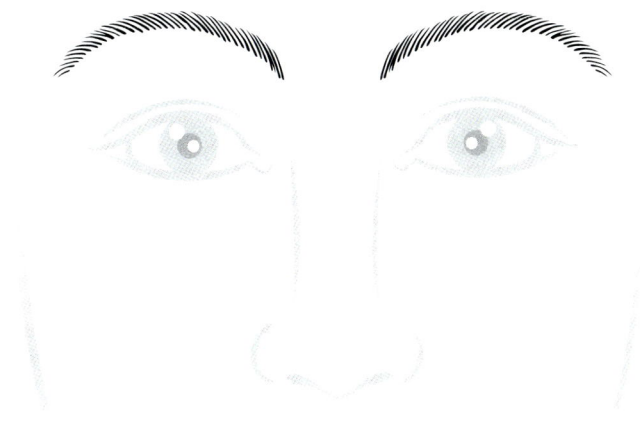

眉相

75

清秀眉

清秀眉的眉毛呈弧形,整齐美观,长短一致。清秀眉的人性格镇定、冷静、待人得体、处事老练。

一般上,他们的生活方式及品味都无可挑剔,特别喜欢艺术、文化以及精美高贵的东西。他们感情丰富,心底善良并且与朋友及兄弟姐妹的感情非常融洽,绝对不会是那种势利的小人。

清秀眉的人通常在年轻的时候就有所成就,小有名气,身边有很多可以随时随地帮助他们的好朋友。

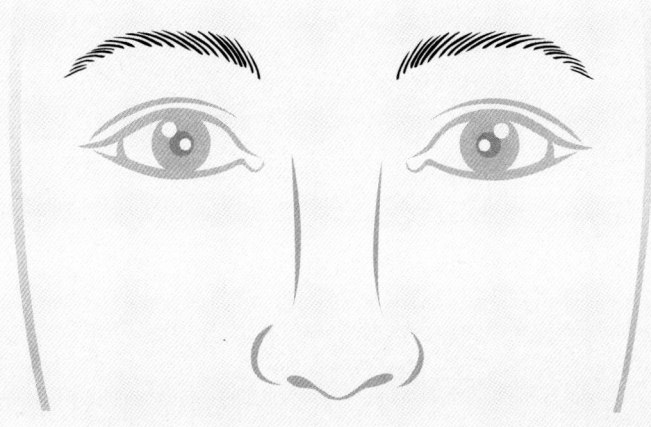

眉相

旋螺眉

旋螺眉的眉毛长得很乱，长得没有方向感，看起来好像螺旋状一般。旋螺眉的人脾气很臭，性情的变化无法估计。

这种人有勇无谋，做事一马当先，却没有周详的计划。他们渴望成为领导，但是却没有本事管理好其他人。因此，有些人会觉得他们只会讲却没有任何的行动。

这种人很真，当他们说不喜欢的时候，就是真的不喜欢；如果事情并没有达到他们的理想，或他们稍有不满意，就会大发雷霆。如果小孩有旋螺眉，他们是绝对不会把长辈给予的劝告放在心上的。

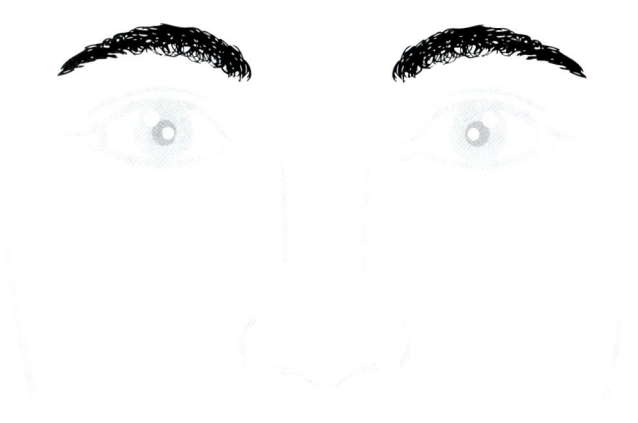

眉相

润眉

润眉的眉毛长得油亮、优美、茂密，看起来整齐美观，表示这种人头脑清醒，思想阔达，生活方式很健康。

一般上，润眉的人有教养，有文化以及坚定不渝的品德行为，而且有能力得到名誉及社会地位。他们拥有很高深的文学修养，并且喜欢文艺活动。

他们喜欢以思考办法来解决问题或取得成就，并不赞成以暴力来达到目标。他们一生少有病痛，身体不会有很大的健康问题。

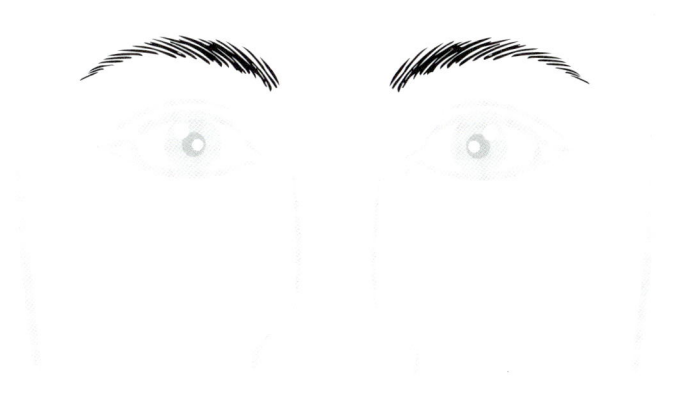

枯眉

枯眉的眉毛短，疏浅，看起来很干燥，就好像久经干旱的草一般。这种人的脾气很坏，喜欢抱怨，容易激动。

枯眉的人做事非常计较以及谨慎小心，因为他们绝对不要面对任何的风险。然而，在担忧的同时，他们却没有耐心，所以，这就变成了非常麻烦的矛盾心理。

他们只会考虑目前以及现在的问题，绝对不会想到长远的事情，没有办法看到更透彻的大蓝图，这有可能是因为他们缺乏耐心所致。在健康方面，他们有可能会面对贫血以及呼吸器官的问题。

眉相

钩眉

钩眉会有一个很明显的钩形出现在眉的前端,使双眉看起来好像紧紧扣着内侧一般。钩眉的人会有一个非常显著的特点,就是非常的倔强!

他们很有才干,但是却令他们无法听取别人的意见,因为他们觉得自己才是对的,经常认为自己的办法才是最好最有效的。

他们很有干劲,有大志。钩眉的女性非常独立,不喜欢依靠丈夫,她们充满热诚,渴望开创自己的事业,闯出属于自己的一片天地。

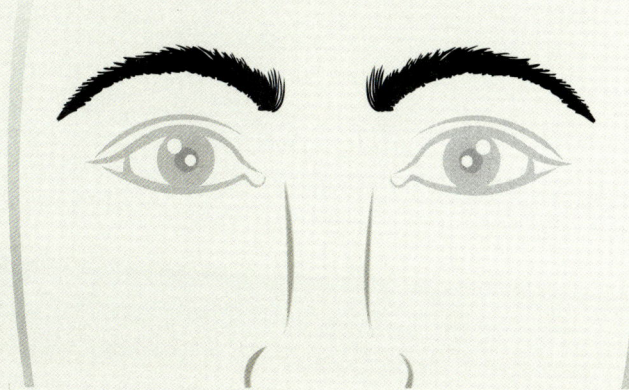

眉相

上升眉

上升眉也被称为"鹰翅眉",双眉尾端向外拐而且向上升,这看起来就好像大鹏展翅的感觉。

上升眉通常都会出现在性格英勇的人的脸上。这种人非常英勇,刚正有原则,有智慧,经常为弱小以及受欺压的一群争取利益。他们对前景积极乐观,因此而能够取得好成就。

即使是来自贫穷的家庭背景,他们也不会放弃自己,会以超强的决心和意志来越过所有的障碍,并取得成功。然而,他们有时候行事会比较仓促及草率,并且不能够放下尊严去听取别人的意见。

眉相

扫帚眉

扫帚眉分两种：前帚眉以及后帚眉。这种眉的眉毛长得好像扫帚，无论是扫向前或扫向后，尾端的眉毛都会有些许的突出。

扫帚眉的人非常情绪化，感情用事地去做决定。他们无法储蓄以及管理自己的钱财，不负责任，做事只有三分钟热度。。

扫帚眉的男性在三十岁之前都会福星高照，但是在三十一至三十四岁之间就会霉运连连。扫帚眉的女性在三十三及三十四岁之间会有婚姻的问题，所以最好就是迟些才结婚。

前帚
Front-Sweep Broom

後帚
Back-Sweep Broom

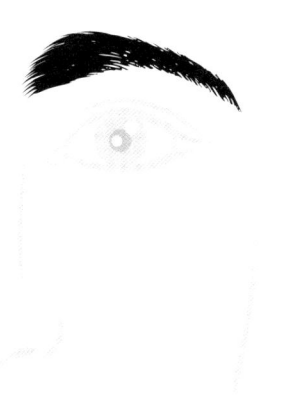

义经眉

义经长眉得好像一把阔剑,它的眉毛向上升,眉毛的尾端有些翘起。这种人令人觉得很有魅力,而且意志坚定有力,没有人会忽视他们的存在。

义经眉的人非常固执以及倔强,不会认输。所以他们经常都会面对很多对抗性的问题,以及必须要用强硬的手段才会得到所要得东西。

他们缺乏忍让以及耐心,不会轻易被愚弄,因此,别人对他们会有拒人于千里之外的感觉。他们是想到就去做的人,绝对不会浪费时间去冥想。

疏散眉

顾名思义,疏散眉的眉毛很疏浅,眉毛长得很分散。这种人很冲动、草率、没有耐心。

疏散眉的人没有远见,只依据眼前的利益或短期的回报去做决定。他们会花很多时间去想或做一些琐碎又不重要的事情。

虽然有底线,但是钱财对他们来说还是左手进右手出,不会留下一分一毫。由于收入不稳定,所以经常会面对金钱的问题。在感情上,他们不是忠诚的伴侣,很容易被引诱,经常会有出轨的行为。

吊丧眉

吊丧眉很像八字眉,但是它比较短小,眉毛较浓密,斜度较大,而且尾端很散。这种眉形出现在一张脸上,会令人有悲伤可怜的感觉。

吊丧眉的人通常都是双面人,人前人后都会有不同的面口,对人假好心,所以他们是很不诚实的人。

他们心存邪念,对别人的不辛或损失感到幸灾乐祸,而且性格狡猾,思想肮脏。他们有必要去控制自己过强的欲望,将性欲转变为创新以及有成效的力量。

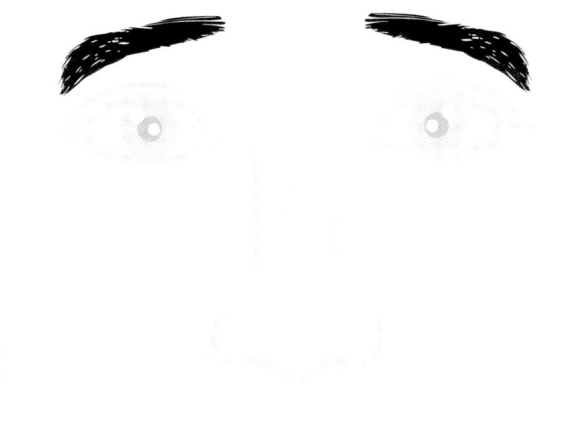

眉相

彩眉

彩眉是指眉毛的尾端会有几缕比较长的眉毛出现。要记住，是几缕眉毛而不是一缕，一缕眉毛并不是好的现象也不是属于彩眉。

彩眉的眉毛整洁美观，毛发柔顺不粗糙，这表示生活美满幸福。但是，如果眉毛不整洁美观又粗糙，那一生必定多苦多难。

彩眉的人早年成功，有财富，而且还有一个快乐美满的家庭。他们一生都会荣华富贵，长命百岁，尤其是在那几缕眉毛出现在四十岁以后，他们会过得更加的美好。

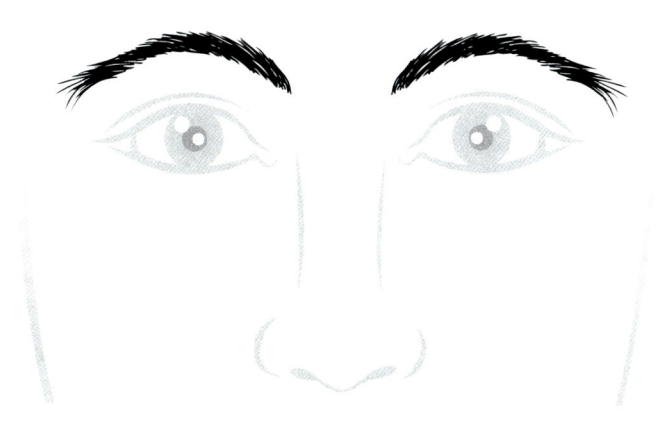

眉相

寿星眉

寿星眉的眉毛长得很宽，很长，而且尾端会长有很好看的一个弯形。眉毛丰盛柔顺不粗糙，颜色很深有色泽。双眉给人积极充满活力的感觉。

寿星眉的人通常都很聪明有智慧，对学术研究有非常浓厚的兴趣，而且会对艺术以及精美的作品细心观赏。

他们为人富有同情心，对人温和亲切，心地善良，对人很好。他们的头脑清晰且宁静，所以他们会享有一个很长，快乐又没有困扰的生活。

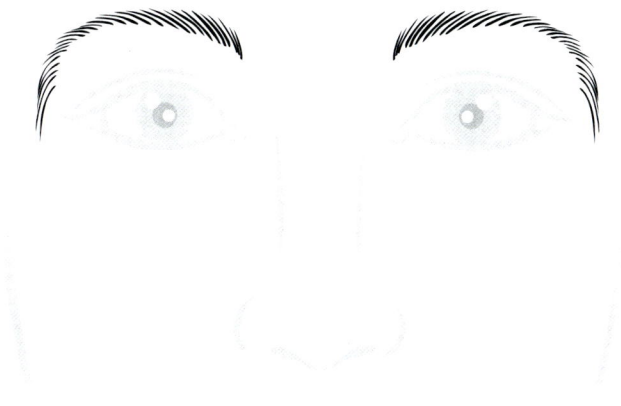

眉相

鬼眉

鬼眉的眉毛很长，蓬松，而且杂乱。双长眉得很靠近眼睛，好像压着双眼一般。

这种人的性格恶劣残忍，所以身边没有什么朋友。因此，他们会毫无疑虑或顾忌地去使用不道德的行为来得到自己想要的东西。

他们对人暴力残忍，从来不会理会别人的感受。他们会毫不犹豫地利用别人的弱点来达到自己邪恶的目的。毫无疑问的，这种人的晚年必定会孤苦伶仃。

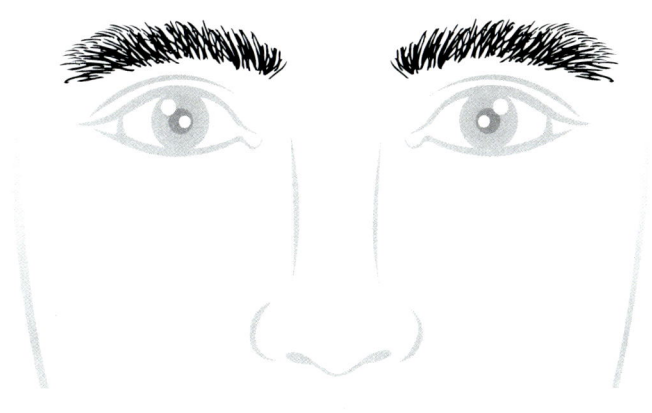

眉相

罗汉眉

罗汉眉是指眉毛长得又阔又浓密，而且它会长在一张毛发比较细或少的脸上，所以罗汉眉会显得很粗厚及丰盛。

之所以称为罗汉眉，是因为罗汉的头脸通常都不会有毛发，但是只有眉毛，所以称为罗汉眉。这种眉只会长在男性的脸上，表示这个人对诺言很有恐惧感。

就像罗汉一样，他们喜欢过单身的日子，即使是就快结婚，他们还是会担心或害怕是否找对对象。

眉相

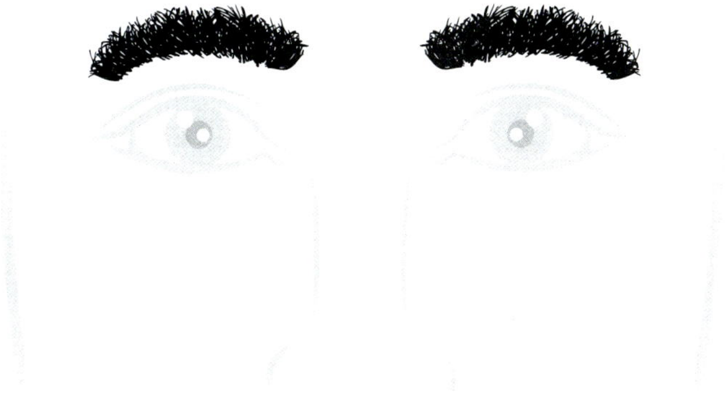

剑眉

剑眉是指眉毛长得厚、阔、长且弯得好像一把剑似的。剑眉的人性格正直、高尚、不偏私、英勇。

他们以坚强及不屈不挠的精神去取得成功,但是,剑是双面利的,所以有时候他们所争取的信念有可能会危害到他们的性命。

由于忠实的性格,他们有时会为了更美好的事情而牺牲自己甚至牺牲家人或朋友。尽管如此,他们毕竟还是很好的员工或伙伴,以及在困难的时候,他们是值得信赖的人。

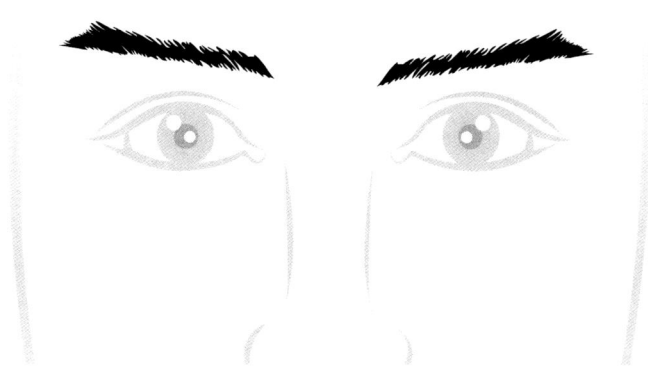

像动物的眼眉

白虎眉

白虎眉只会出现在女性的脸上，眉毛长得非常的稀薄且疏散，有时会甚至看不见眉毛，只剩下凸出来的眉骨。

一般上，白虎眉的人不体谅别人，自我为中心，在感情上只要得到，不愿付出。他们经常只会注重自己的需求，却漠视伴侣的需求。

结婚后，双方的关系会变得非常的恶劣，经常会有争执及吵架，这是因为白虎眉的女性的怀疑心很重，经常不相信他们的另一半，因此，她们的婚姻生活通常都不会顺利或融洽。

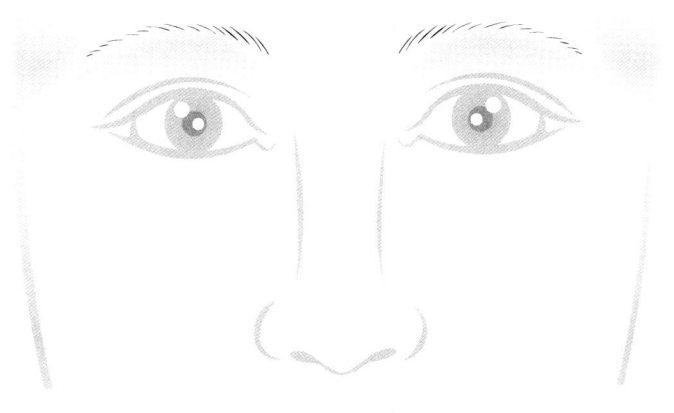

眉相

虎眉

虎眉的眉毛颜色很深而且有色泽，整排眉毛向上生长的很整齐，尾端的眉毛稍长又尖，看起来很迷人。

虎眉的人做事很专一以及没有恐惧感，不会让障碍阻挡他们的前路。他们属于积极主动的人，不会坐着等天上掉下钱来，他们会去创造机会给自己。

尽管不是有钱人，但是由于他们的个性，别人还是非常的尊重他们。他们通常都会享有长命又富足的人生。

眉相

龙眉

拥有龙眉的人从侧面看来双眉好像龙一样。眉毛长得长、平均、阔,看起来很迷人有魅力。这种人很有才干,很吸引人,而且很有智慧。

他们公平正直,明辨是非,不会轻易被流言或是非影响。

拥有龙眉的人头脑精明,有逻辑,分析能力强,能够分辨事实。他们拥有非常出色的领导能力,能够提高家族的名声以及地位。

眉相

龙头虎尾眉

龙头虎尾眉只会出现在男性的脸上。这种人很有男性气概,别人都很欣赏他们的勇气和胆量。

龙头虎尾的人经常会觉得很自豪,不容易和别人亲近或交朋友,甚至有可能会惊吓到别人。他们非常适合成为政治家,法官或部长,其他具有权威、权力以及领导性的工作都非常适合他们。

他们绝对不适合做生意或成为企业家,也不适合做需要交际或搞人际关系的工作,这是因为他们太过自大。

狮眉

狮眉的眉毛长得很厚,有些弯曲,很长且茂密。由于狮子是丛林之王,所以拥有狮眉的人通常都是很有权利而且很受尊重的领导者。

他们思想开放,待人亲善,品德高尚。他们从不食言,个性迷人有吸引力,所以,经常有很多人追随他们。

他们在专业上有很大的成就,也因为这样而造成他们迟婚。他们通常都非常富有,而且很有地位及权力。

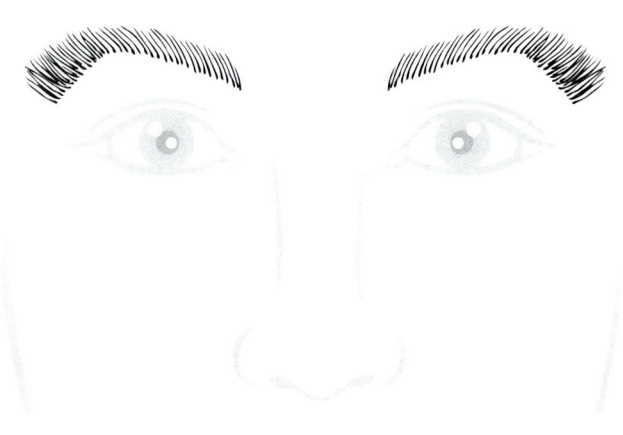

卧蚕眉

卧蚕眉的人直肠直肚,性格坦率,思想敏捷,反应迅速,不喜欢拐弯抹角。

他们不自私,经常为他人付出,对朋友以及亲人非常忠诚及信赖。所以,他们绝对不会对人隐瞒任何的事情。

他们做事非常辛勤,在中年的时候必定会尝到成功的果实。他们也不会为了得到成功而利用别人成为他们的踏脚石。

眉相

Joey Yap

Joey Yap 是跨国机构玄明馆的创办人以及主导师，致力于传授风水、八字、面相、易经以及其他各种中华术数。同时，他也是Yap Global Consulting 的总顾问。而Yap Global Consulting 则是一家国际咨询公司，专门提供风水与命相审核服务。

Joey分别在马来西亚与澳洲接受过正统教育。因此，他深知东方与西方教育系统的长处，并将之融合，创造出一套独特的教学方式。玄明馆的学生都是通过系统化的西方单元课程方式学习中华术数的。这套教学方式能帮助学生更快学习、领会并掌握复杂的中华术数，如风水与八字等等。因此，全球各地的玄明馆导师都是统一采用这套独特的教学方式。

此外，玄明馆也是全球首家利用互联网的便利，推广深造课程、单对单学习、引导学习方式以及远距离学习的术数教育机构。学生们因此能够连线进行交流，互相学习，进而增进知识。

Joey Yap 也是多本畅销书的作者，包括《笑谈风水》、《八字密码》和它的延续版《八字解码》、《面相奥秘》、《购屋风水指南系列》以及《择日-个人择日》等。这些书都名列马来西亚MPH书局畅销书籍排行榜上。他的最新力作则包括《寻龙记》，一本有关中国传统风水峦头的作品，以及《再谈风水》。此外，他也是第一个以英文将各种术数公式和应用方法编辑成书的人，书名为《术数精华》。

Joey除了是多个电台与电视节目的常客之外，他也是一家全国报章和多家杂志的专栏作者。同时他也多次亮相电视节目，如2005年在TV8播出的《与JoeyYap一起发掘风水》。该流行节目主要是将风水和中华术数介绍给普罗大众。

作为现代科技的拥护者，Joey也开发了一些新科技，如八字命盘2.0，以帮助使用者排出他们的八字命盘。另外，他最近也推出了玄空飞星风水软件，一个专为学习和运用玄空飞星风水而制作的应用软件。

作者个人网站: www.joeyyap.com

学院网站: www.masteryacademy.com | www.masteryjournal.com | www.maelearning.com

立即跟贴 Joey Yap:

 www.twitter.com/joeyyap

参与Joey Yap:

 www.facebook.com/JoeyYapFB

教育

玄明馆:学习中华传统风水与星象学的首选教学机构

几千年来,东方的传统学术都是经由师徒闭门相授的方式流传到今天。地位崇高的师傅,会选择适当的人选,从小培养,作为自己的衣钵传人。而这些传人也秉承传统,生生不息地以同样的方式将他们的知识或技艺传授给下一代。

这种传授方式的目的,是为了确保知识只传授给值得相信的人,以及防止外人或西方人接触长久流传下来的东方知识、学习以及研究。

可是,这种师徒闭门相授的教授方式缺乏系统化,大大地阻碍了中华玄学和传统学术的发展。这些宝贵的知识,多年来一直杂乱无章地流传到今天。由于从来没有人将之系统化、简洁地将这些知识累积起来,因此衍生出许多互相对立的派系,各持己见。

今天,这种传统的师徒闭门相授方式已经过时了,而传统学术也逐渐广为人所接受。因此,我们有必要摒弃这种守旧的方式,让传统学术能够得到更好的发展。

玄明馆的任务,是将东方传统知识,如玄学、风水以及星象学传授到世界各地。这些传统知识一直给人神秘的感觉,玄明馆就是要揭开这一片神秘的面纱。通过系统化的教学方式,学生们更容易明白、学习以及掌握这些知识。玄明馆所采用的现代学习方式,除了能够让这些古老的学说、科学以及习俗能够长远地流传之外,也提供了大量的实践与应用题材,让学生们学以致用。

玄明馆一直秉持着的教学理念是同时兼备东、西方教学方式的长处。作为一家全球性的中华玄学教育机构,玄明馆提供多种不同的课程,务必让学生们能够选择到他们真正有兴趣的项目,以及让从事玄学事业的专业人士能够进修其他的玄学课程,以补足已经掌握了的学术。

玄明馆的课程都是经过精心设计,务求提供内容广泛以及充实的教材。在单元课程的教授方式里,学生们除了能够学习到理论性的知识之外,同时也能够根据他们所学习到的理论进行实践应用,从中累积他们的实践经验,获益良多。

学生们根据他们的意愿,选择不同的教学课程,包括远距离学习课程、自修系列课程、密集基础课程以及密集讲座课程。这些课程都是由Joey Yap或玄明馆特许导师所教授,每年都会在世界各大城市开班。玄明馆全体教学成员都是国际性的,来自世界各地的学生因此能够选择就读最靠近他们国家,甚至在他们自己国家所开班的课程。此外,他们也可以选择修读来自他们国家的玄明馆特许导师所教授的课程。

玄明馆也通过其社群网络,提供全天候24小时的支援,让学生能够使用多种网上工具、阅读文件、论坛以及网上学习教材,以便能进行更完善的研究工作。除此以外,学生们也能够通过网络,和其他学生交流以及得到导师的指导。

MASTERY ACADEMY
OF CHINESE METAPHYSICS

www.masteryacademy.com

19-3, The Boulevard, Mid Valley City, 59200 Kuala Lumpur, Malaysia.
Tel: +603-2284 8080   Fax: +603-2284 1218

Email: info@masteryacademy.com   Website: www.masteryacademy.com

代表:

澳洲、奥地利、巴西、加拿大、中国、塞普鲁斯、法国、德国、希腊、匈牙利、印度、日本、印尼、意大利、马来西亚、墨西哥、荷兰、纽西兰、菲律宾、俄罗斯、波兰、新加坡、南非、瑞士、土耳奇、美国、乌克兰、英国。

www.maelearning.com

介绍..
玄明馆E-学习中心!

玄明馆的目标就是要和全世界人分享真正的中华术数知识。

无可否认,很多人在考虑到距离、时间、酒店与旅游费用等因素后,就不会到课堂进修课程。但在今天资讯科技这么发达的环境下,你再也不必为这些因素操心了!

为了解决这个问题,我们投资了许多金钱和人力在发展资讯科技上,取得了效果令人非常满意的效果。这应该是世界上首个提供完整中华术数学习课程的线上学习中心吧!

方便　　　　　　　在家中自学　　　　　容易登记

玄明馆E-学习中心

只要你把电脑或笔记本准备好,再加上互联网连线,那所有有关传统风水、八字和面相的知识,就是你的了。

以你自己喜欢的速度学习,并和世界各地的导师以及同学交流。有了E-学习中心,你就能够通过图解演示以及内容丰富的笔记得到有关中华术数的资讯。

欢迎来到玄明馆E-学习中心 www.maelearning.com.
这是你掌握中华玄学的虚拟通道。

Mastery Academy around the world

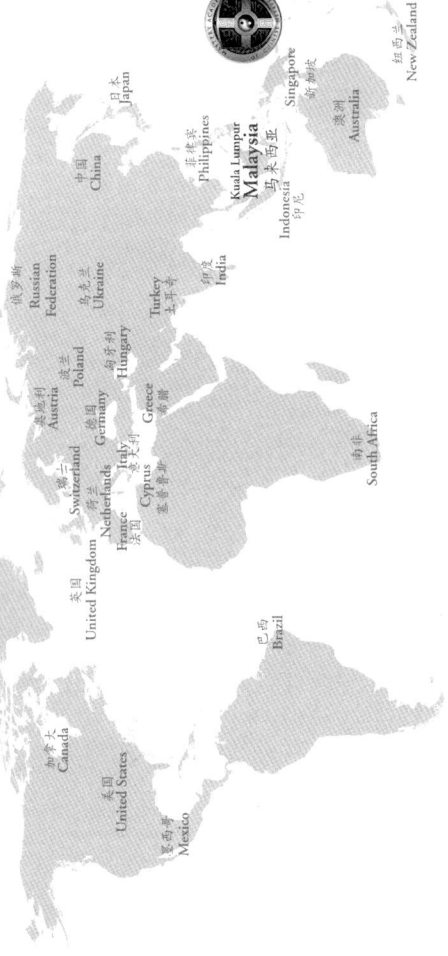

YAP GLOBAL CONSULTING

Joey Yap & Yap Global Consulting

由 Joey Yap 所领导的Yap Global Consulting (YCG) 是一家国际咨询公司，在世界各地提供风水、面相和八字（命运分析）咨询服务。Joey 是一位闻名国际的主导师、顾问、讲师和畅销作者，他将自己的大部分的时间都奉献于中华术数上。

YCG 在马来西亚和澳洲都有办公室

YCG 将传统风水技巧与最新颖的咨询方式融合在一起，以提供最专业和最高水准的服务。此外，这种简单和直接的方式也让我们能够为公司和私人客户提供最贴心的服务。

横跨各种行业：我们的顾客

我们的公司和私人顾客来自世界各地，他们对我们的经验与能力都有极高的评价。

在公司方面，我们顾客的范围相当广，如学术界、金融机构、产业发展商、跨国公司、休闲业、旅游业等等。至于个人方面，我们的顾客包括了专业人士、著名商人、名人、政治人物等等。

YAP GLOBAL CONSULTING

Name (Mr./Mrs./Ms.): _____

Contact Details

Tel : _____

Fax : _____

Mobile : _____

E-mail : _____

What Type of Consultation Are You Interested In?
☐ Feng Shui ☐ BaZi ☐ Date Selection ☐ Yi Jing

Please tick if applicable:
☐ Are you a Property Developer looking to engage Yap Global Consulting?

☐ Are you a Property Investor looking for tailor-made packages to suit your investment requirements?

Thank you for completing this form. Please fax it back to us at:
Fax : +603-2284 2213   Tel : +603-2284 1213

www.joeyyap.com

www.joeyyap.com

风水咨询

宅
- 初阶土地 / 产业评估
- 住宅风水咨询
- 选择住宅土地

商业房产
- 初阶土地 / 产业评估
- 商业风水咨询
- 选择商业土地

地产发展商
- 后期咨询服务
- 专属风水顾问

地产投资家
- 你的个人风水顾问
- 个人配套

坟场或埋葬地点
- 阴宅风水

八字咨询

个人命运分析
- 个人命运分析
- 儿女八字分析
- 家庭八字分析

公司策略分析
- 公司八字咨询
- 人力资源管理八字分析

企业家与商人
- 企业八字分析

事业
- 事业八字分析

感情
- 婚姻与配对分析
- 合伙分析

所有人
- 年度八字预测
- 个人八字教练

择日

- 结婚择日
- 剖腹生产择日
- 搬迁择日
- 装修择日

- 签约
- 开幕
- 产品推介

易经评估

经得起时间考验而又准确的科学

- 易经，成书于4千年前，是最古老的中华文本记载之一。易经以时间、空间以及特定事件的变数来预测事情的结果以及预言将来。

- 易经评估能够为一个特定的问题提供特定的答案。这是命理分析无法做到的事情。

基本上，易经评估就只会集中在你人生的某一件事或物品上，以推算出更多详情。它让你更加了解整个形势，并告诉你应该采取怎样的行动，才可以得到满意的结果。

请现在就联络 YCG，为阁下做一次个人易经评估吧！

Tel: +603-2284 1213　　　Email: consultation@joeyyap.com

www.joeyyap.com

邀请我们到你的公司提供講座吧

许多有信誉的公司与机构都曾经与YCG合作，邀请由 Joey Yap 所领导的顾问团，为他们的公司活动进行演说。我们的讲座经常能够吸引到顾客、跨国或上市公司合作伙伴，以及金融机构的主要股东。

我们会为不同的听众提供不同的讲座题材。因此，无论出席者是你的其中一个部门、子公司、顾客、甚至全公司的人，我们都可以对他们传达你心目中的信息。

Tel: +603-2284 1213　　　Email: consultation@joeyyap.com

中华术数参考系列

中华术数参考系列是一组参考文本、包括术数的出处及原始资料等，是非常具有教育意义的课本，主要为学者、学生、研究者、教师以及执业者所采用。

这些内容丰富，结构严谨的书，为学习和运用中华术数，如风水、八字、易经、紫微、六壬、择日、奇门和面相的朋友提供了又快捷又容易的参考资料。

术数精华

这本超过1,000页的《术数精华》，采集了所有有关风水、八字（四柱命理）、紫微斗数、易经、奇门、择日、面相以及其他术数的公式。

书中的表格、图表和参考图都以简单易懂的方式呈现，并以中英对照，务求让这些术语的意义不会出现误差。

对所有的学生、学者以及执业者来说，这本市场上唯一以英文书写的术数精华是不可或缺的参考书。

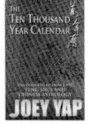
The Ten Thousand Year Calendar

Dong Gong Date Selection

The Date Selection Compendium

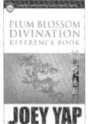
Plum Blossoms Divination Reference Book

San Yuan Dragon Gate Eight Formations Water Method

Xuan Kong Da Gua Ten Thousand Year Calendar

Xuan Kong Da Gua Structures Reference Book

Xuan Kong Da Gua 64 Gua Transformation Analysis

Xuan Kong Purple White Script

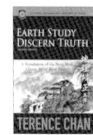
Earth Study Discern Truth Second Edition

Bazi Structures and Structural Useful Gods - Wood

Bazi Structures and Structural Useful Gods - Fire

Bazi Sructures and Structural Useful Gods - Earth

Bazi Structures and Structural Useful Gods - Metal

Bazi Structures and Srtuctural Useful Gods - Water

+603 - 2284 8080

書：给购屋者的风水 系列

 给购屋者的风水 – 室外
中文与英文版

 给购屋者的风水 – 室内
中文与英文版

 给购屋者的风水 – 公寓

書：笑谈风水 系列

 笑谈风水
中文与英文版

 再笑谈风水

 又再笑谈风水

Joey Yap 与您携手向前迈进

 寻龙记

 你的鱼缸在这里

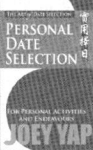 择日的艺术：个人择日

 玄空 — 飞星风水

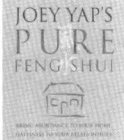 Pure Feng Shui

www.masteryacademy.com

书: 八字系列

八字 –
命运密码
中文与英文版

八字 –
命运解码 II

书: 八字學堂系列 (中文与英文版)

发掘你的日主
以更了解你自己!

Joey Yap 的基本八字系列简洁但详细地解说了十个日主的特性。

你的日主是什么? 为什它那么重要? 日主就是你最基本的自我和身份, 它预示了你的本质、性格、素质、习惯、强项和弱点。系列中的每一本书都把焦点集中在单一日主上, 并涵盖了它们各自的性格、事业、感情和财富。

当我们研究日主时, 就会发现每一个人都是与众不同的。现在就以这十种指引, 对自己以及其他人作出更深入的了解吧! 你将会发现, 为什么不同的人会有不同的行为举止。

要找出你的日主, 请登录 www.joeyyap.com/DM
输入你的出生日期, 你就可以立刻知道自己的日主了。

+603 - 2284 8080

書：面相系列

面相奧秘 中文与英文版

Joey Yap's Art of Face Reading

書：面相學堂系列 (中文与英文版)

每張臉都能夠告訴你一件故事

每一天，我們都會看見很多張臉，包括我們自己的臉，但是，我們會很少注意到每張臉上的特徵，而這些特徵到底在背後又隱藏着怎麽樣的故事呢？臉，是我們經常用來作出表達情緒的工具，但是，我們是否真的能夠清楚地知道每一種表情到底代表着什麽呢？

這套"基本面相學"包含了一系列簡短但詳細的內容，清楚地解釋及剖析每一種臉上的特徵，然後再分門別類的排出來，讓你能夠很輕易地指出每一張臉的特徵。根據這些資料及內容，你能夠隨時隨地的用來觀察你自己或朋友、家人及同事的每一張臉。

古老的技術和學問，現在已經變得簡單及容易明白了。如果你想要了解為什麽每一個人的想法、性格、感覺及反應都不相同，那面相學一定可以幫到你。它能夠讓你洞察一切不為人所知的內幕。

這套書簡單、引人入勝，而且非常有趣 — 從今以後，你會對每一張臉有不同的見解！

www.masteryacademy.com

年度精选

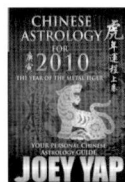   

2010 生肖流年运程　　2010 风水概要　　2010 通书　　2010 通书流月日志簿

2010通胜日历

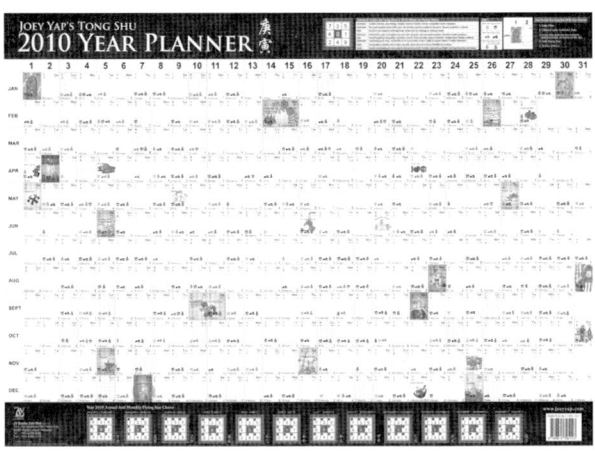

通书流年日历 2010

+603 - 2284 8080

教育工具与软件

玄空飞星风水软件

为爱好者和专业人士而设的精华软件

此软件的一些亮点:

- 出生年之飞星
- 年飞星
- 月飞星
- 飞星整合
- 81种飞星组合
- 24山

所有的图标都可以被打印出来以及作出调整,你也可以将它们储存起来,以备将来所需。同时,你也可以将这些图标转换成为各种常见的文档格式。

迷你风水罗盘

我们的迷你风水罗盘会附上一本由著名风水和命理主导师Joey Yap所编写的附录。它是每一个风水爱好者必备的工具。

迷你风水罗盘装有自动校直功能,虽然重量只有100克,但精确度极高,可随身携带,方便使用。同时,罗盘上的24山与传统罗盘是一样的,并以双语注明。

八字命盘软件 版本2.0

专业四柱命理推断计算机

八字命盘软件版本2.0 是一部全球术数界里最先进的专业四柱命理推断计算机。即使是对八字命理一窍不通的人也可以轻易地绘出自己的八字命盘,该命盘就包涵了所有在作命理推断时所需的资料细节。

Joey Yap 风水模板配套

这套风水模板共有3个模板:基本风水模板,8宅风水模板及飞星风水模板。

所有的方位都以中英对照,并且附上解说详尽的说明书。

容易使用,一目了然。
小巧,方便携带,每一份模板的面积只有5寸 x 5寸。
附带8宅风水及飞星风水圈层。
备有说明书,清楚解释模板的用法,并有例子作为参考。

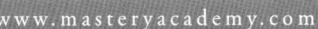

给购屋者的风水DVD系列

在这套DVD里,你将学会如何分辨一间屋子风水的好坏。这样,你就可以为好风水的家居锦上添花,而同时避免购入或迁入一间风水不好的屋子了。你必须谨记一间屋子风水的好坏和你自身的运气是有非常紧密的关系的。

Joey 也会提供一些解救方案,并告诉你如何可以善用家中有利的能量及气。

Joey Yap 面相解读DVD系列 – 提升你解读面相的技巧。

在这套充满趣味性的DVD里,Joey 将会一一解答你心中的疑团。你将可以知道身上的痣,胎记,甚至是发质所代表的意义及讯息。同时,Joey 也会提供有利于你的人生的建议,如增进你和伴侣之间的关系等等,这些,都可以透过面相做到,你怎么可以错过呢?

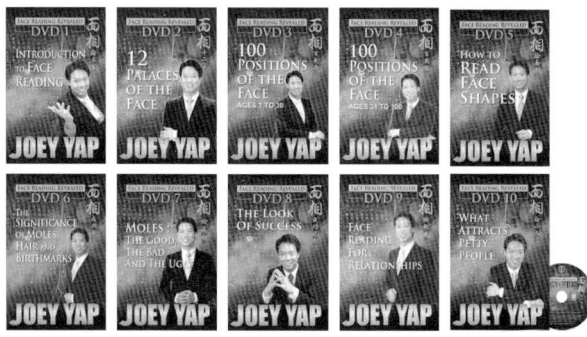

+603 - 2284 8080

Joey Yap - 风水探秘 （电视版）

Joey Yap - 风水探秘 （DVD 4 套装）

生动有趣，内容丰富的传统风水学，就在
Joey Yap - 风水探秘里！

很想知道可以如何应用风水在家居或办公室里，
但却腾不出时间上课?

你有很多疑问。现在就让 Joey 在这一组四套的
DVD里一一为你解答吧。你将学习如何可以将风水自然地融入家居或
公司里，但却不必搞得像古董家具店似的。还有如何可以从周遭环境
纳入对你有利的气。这可是一门非常深奥，但科学的学问呢。

除此以外，Joey 也会解答一些有关传统风水的迷思，及分享一些面相的
小贴士呢！

这套在2005年于8TV 播放的电视节目，你现在也可以拥有了！

通过Joey Yap 在家自学DVD，提高你的风水技巧（只限英文版）

玄空第一册

高级在家自学课程

8运的风水
（DVD）

玄空飞星初学者講堂
（DVD）

八字四柱命理初学者講堂
（DVD）

www.masteryacademy.com

想进一步学习风水吗？现在就参加玄明馆的风水课程吧！

玄明馆风水精华系列
现场课程（单元1至4） 只限英文版

玄明馆风水精华系列集合了4個单元，包括了专为初学者而设的单元1（入门课程），单元2（执业者课程），单元3（高级执业者课程）是特别为专业的风水职业者所设计的而单元4，（大师精英课程）是风水精华系列的毕业课程了，风水职业者将从此处跳跃至师傅级。

课程主要的内容有风水理论与方程式，纲要包括形法、八宅风水，玄空飞星，三合五鬼运财法，三元，峦头和水法的理论及运用等。

玄明馆八字精华系列
现场课程（单元1至4） 只限英文版

在玄明馆八字精华系列集合了4個单元。单元1（密集基础课程）包括教导有关入门阶段的八字（四柱命理）原则、基本原理以及命运分析法等等。单元2（实用八字课程）将教导学生高级的八字分析技巧。 单元3（高级执业者课程）专为八字执业者而设的。 单元4（八字精英课程）是玄明馆八字系列的毕业课程，它将带领实习者进入师傅阶段。

课程主要的内容有学习分辨不同的八字命盘结构，如何使用复杂的十神以及解读神煞等。此课程将涵盖一些摘自滴天髓与穷通宝鉴的方程式和传统方法。此外也包括择日技巧以及穷通宝鉴与渊海子平中记载的古老方法。

+603 - 2284 8080

玄明馆玄空精华系列
现场课程（单元1至3） 只限英文版
为执业者而设的高级课程

在玄明馆玄空精华系列集合了4個单元。单元1（高级基础课程），单元2A（玄明馆玄空精华），单元2B（玄明馆玄空精华）和单元3（高级玄空大卦）。

课程专为有经验，但却想在玄空风水方面更精进专业风水师而设。课程将涵盖来自无常派及广东流传下来的玄空风水重要基础与技巧。此外，你也能够学习摘自古籍，如玄空密旨、玄空赋、飞星赋和紫白诀上的方法、理论与技巧等。

玄明馆面相精华系列
现场课程（单元1至2） 只限英文版

玄明馆面相精华 – 单元1（面相基础课程）

一个人的面相画出了他的人生 – 学习中国古代的面相之术。在这1天的面相课程里，你将会认识到如何透过一个人的面相看出他的性格，运势，财运及人际关系等等。

玄明馆面相精华 – 单元2（实用面相课程）

面相精华 – 单元2将会以讲授有关古籍神相全篇与神相鐵關刀里提到的面相之术。在这个课程里，你将会融及更多以及更深入的面相技巧，进而探索面中更隐秘的信息。

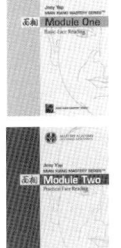

www.masteryacademy.com

玄明馆易经精华系列
现场课程（单元1至2） 只限英文

玄明馆易经精华 – 单元1（传统易经）

易代表改变，而'变'是宇宙间不变的定律。因此易经也成了变的代号。除了阴阳以外，易经可说是最古老的文献之一。在这个课程里，你将学会如何利用易经去推测一件事情的结果，如生活上的难题，感情的去留，解不开的心结等等。

玄明馆易经精华 – 单元2（梅花易数）

邵雍，是宋朝最出色的学者之一，他利用易经的原理，研发出一项更准确的推算法，称之为梅花易数。每一个图形代表一个卦，不同的卦代表了各自的意义。其中还包含了五行，干、支以及时间的考量，是一个非常细致的推算法。如果运用得法，这个推算方程式可以在我们犹豫不决的时候大派用场。

玄明馆择日精华系列
现场课程（单元1至2） 只限英文版

玄明馆择日精华 – 单元1（个人及风水择日）

课程里将会讲解何谓好日子，何谓坏日子，以及如何选择一个好日子去执行某些活动等等。

择日精华 – 单元2（玄空大卦择日）

上了这个课程以后，你就是专业的择日人士了！这个课程将会把择日的技巧与八字及风水融合。此外，你将会学习如何为一件事，或一个活动择日。而最重要的，就是你将会根据个人的八字，为他选择一个最合适的日子。

Feng Shui for Life（中文与英文版）

风水人生是一个五天的课程，是一个专为风水初学者设计的入门科目。这个课程主要是学习如何在生活上运用风水，以及如何可以更快地掌握传统风水的奥妙。你将会学习如何分析自己的八字，如何在家中运用风水，如何为家里的人挑选一个好日子，简单的面相及水法催财等等。这个完整的初学课程非常适合一些希望透过一些外来的帮助，把自己的人生变得更美好的朋友。

玄明馆课程在世界各地都有进行。欲知 Joey Yap 的世界巡迴行程，请浏览：**www.masteryacademy.com**或致電**+603-2284 8080**.